SNOOPYの

チャールズ M. シュルツ 原作

INTRODUCTION
はじめに

手に取ってくださった、「スヌーピーのことを愛してやまない人」たちへ

またたく星の数ほどある英会話書籍の中から、『SNOOPYの英会話』を選んでいただき、ありがとうございます。本書は、スヌーピーを使った英会話の本である前に、すべてのスヌーピー好きな方々におくる、スヌーピー好きによるスヌーピー好きのための「好き」に応える書籍です。

ページをちょっとだけパラパラしてみてください。どのページにも、かわいさ満点のスヌーピーと、その仲間たちがいっぱいです。

スヌーピーの生みの親であるチャールズ M. シュルツ氏は、約50年間の連載期間中、ほとんど休まずに17,897日分のコミックを描き続けました。その偉業に敬意をはらいながら、厳選したスヌーピーたちをほんの160ページにギュ～っと凝縮しました。

何事も、「好きこそ物の上手なれ」といいます。苦手なことだって、好きなもの（人）が一緒なら、がんばれる。そういう人は多いと思います。うなずいてくださった方々…スヌーピーが一緒だったら、英語も楽しく勉強できると思いますよね。

そこで、スヌーピーファンで英語を勉強したい人に向けて、まずは英語に慣れ親しんでもらうことを目的にした本を作りました。難しい文法の理解に頼らず、なるべく平易なワンフレーズをそのまま覚えてもらえるように工夫しています。

英語ってちょっと苦手…と思っている人や、今更英語なんて無理！とあきらめている大人の方々が、本書を通して「英語ってちょっと楽しいかも？」と感じてもらえれば、この本の役割としては大成功です。スヌーピーとその仲間たちと一緒に、英語の世界を楽しんでください！

CONTENTS

CHARACTERS

ピーナッツの仲間たち

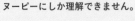

Woodstock

ウッドストック

初登場1967年4月4日
いつもスヌーピーの周りにいる親友の黄色い小鳥。その言葉は、スヌーピーにしか理解できません。

Snoopy

スヌーピー

初登場1950年10月4日
チャーリー・ブラウンが飼っているビーグル犬。変装が得意でスポーツ万能！趣味は小説の執筆。

Charlie Brown

チャーリー・ブラウン

初登場1950年10月2日
『PEANUTS』の主人公でスヌーピーの飼い主。いつもジグザグTシャツを着ている愛されキャラ。

Sally

サリー

初登場1959年8月23日
チャーリー・ブラウンの妹。ライナスが好きで「私のすてきなバブーちゃん」と呼んでいる。

Linus

ライナス

初登場1952年9月19日
ルーシーの弟。チャーリー・ブラウンの親友で天才的頭脳の持ち主だけど、「安心毛布」が手放せない。

Snoopy's brothers & sister
スヌーピーのきょうだいたち
スヌーピーには、砂漠でサボテンとくらす兄スパイク、食いしん坊のオラフなど、個性豊かなきょうだいがいます。
Andy
アンディ
Olaf
オラフ
Marbles
マーブルス
Spike
スパイク
Belle
ベル

Schroeder

シュローダー

初登場1951年5月30日
おもちゃのピアノでクラシックの名曲を演奏する天才音楽家。敬愛する音楽家はベートーベン。

Lucy

ルーシー

初登場1952年3月3日
ライナスの姉。自己中で怒りっぽい「やかまし屋」。片思いの相手はピアニストのシュローダー。

Marcie

マーシー

初登場1971年7月20日
親友のペパーミントパティとは正反対の性格の女の子。真面目な優等生だけど、運動がとても苦手。

Peppermint Patty

ペパーミント パティ

初登場1966年8月22日
チャーリー・ブラウンに想いをよせるスポーツ万能な女の子。勉強が苦手で授業中は居眠りばかり。

- HOW TO USE -

本書の使い方

1

Track 001

君の味方だよ

We've got your back.

ウィーヴ　ガッチョー　バック

2

敵対する明確な何かがあって、「あなたを援護するわ」「味方になるわ」といいたいときに使います。We got your back.と省略していうこともよくあります。

We are heading off.
出発です

Don't worry. We've got your back.
大丈夫　君の味方だよ

4

MEMO 「みんな同じ気持ちだよ」と相手を勇気づける状況を説明するときは、We are in this together.（私たちは一丸となっています）という表現もあります。

12

Track 002

彼のことならなんでも知ってるよ

I know him inside out.

アイ　ノー　ヒム　インサイダウト

CHAPTER 1

know +（人／もの）+inside outは「～を裏の裏まで知り尽くしている」「～を熟知している」という意味です。inside outの本来の意味は「裏返し」。Your shirt is inside out.（シャツが裏返しだよ）のように使います。

3

Do you know what he is like?
彼ってどんな人かわかる？

I know him inside out.
彼のことならなんでも知ってるよ

MEMO I know him like the back of my hand.も同じ意味で、相手のことをよく知っているときに使います。 the back of one's handは「手の甲」のことです。

13

1

スヌーピーらしいかわいい言い回しを、5～7語程度の短い英文にしています。音声と一緒に読めば、より楽しく覚えられます。

2

かんたん解説を読むうちに、楽しくフレーズが覚えられます。英語のおもしろ豆知識もいっぱい詰まっています。

3

実際の会話ではどんなやりとりになるか、ネイティブの気持ちになって読んでみよう。

4

覚えておくと便利な単語や、解説で紹介しきれなかった＆絶対に覚えてほしい使える情報を載せました。

- Download -

音声ダウンロードの方法

以下のURL、もしくはQRコードから音声をダウンロードして、ネイティブの発音を聞いてみましょう。

無料音声（MP3形式）

http://staff.liberalsya.com/?eid=164

※パソコンやスマートフォンなどからアクセスできます。
※圧縮されたZIP形式としてダウンロードされますので、ソフトやアプリ等で解凍してからご利用ください。

パソコンの場合

① http://staff.liberalsya.com/?eid=164
にアクセスし、ダウンロードしたい章をクリック。
②ダウンロードフォルダ内にファイルが保存されます。

スマートフォンの場合

■ 方法1

①お使いのインターネットブラウザを起動し、
http://staff.liberalsya.com/?eid=164
にアクセス。
②ダウンロードしたい章をタッチ。
③ダウンロードが完了すると、スマホの最新情報の欄に完了のお知らせが表示されます。

※設定によりファイルが格納されるフォルダが違います。

■ 方法2

①カバーのそで部分（カバー裏から本の内側に折り込まれている部分）についているQRコードを読み込む。
②ダウンロードサイトに移動しますので、ダウンロードしたい章をタッチ。あとは方法1と同様です。

CHAPTER 1

FRIENDS

ともだち

仲よしのときや、ちょっとけんかしてしまったときなど、
すぐに使える友だち同士での
気軽な会話を覚えましょう。

君の味方だよ

We've got your back.

ウィーヴ　ガッチョー　バック

敵対する明確な何かがあって、「あなたを援護するわ」「味方になるわ」といいたいときに使います。We got your back.と省略していうこともよくあります。

We are heading off.
出発です

Don't worry. We've got your back.
大丈夫　君の味方だよ

memo

「みんな同じ気持ちだよ」と相手を勇気づける状況を説明するときは、 We are in this together.（私たちは一丸となっています）という表現もあります。

彼のことならなんでも知ってるよ

I know him inside out.

アイ　ノー　ヒム　インサイダウト

know +（人／もの）＋inside outは「～を裏の裏まで知り尽くしている」「～を熟知している」という意味です。inside outの本来の意味は「裏返し」。Your shirt is inside out.（シャツが裏返しだよ）のように使います。

Do you know what he is like?
彼ってどんな人かわかる？

I know him inside out.
彼のことならなんでも知ってるよ

memo

I know him like the back of my hand.も同じ意味で、相手のことをよく知っているときに使います。 the back of one's handは「手の甲」のことです。

僕がついてるよ

You've got a friend.

ユーブ　ガラ　フレンド

「君には僕という友だちがいるからね」という意味で、I'm with you.なんていうこともできます。あなたには、窮地に陥ったときに寄り添ってくれる人はいますか。

You've got a friend.
僕がついてるよ

Thank you for saving me.
助けてくれてありがとう

memo

You'veは、You haveの省略。会話ではhave（持っている）をhave gotということがよくあります。

あなたって雨男なんじゃない？

You're a rain bringer, aren't you?

ヨラー　レイン　ブリンガー　アーンチュウ

「雨男／雨女」は、rain bringer（雨を連れてくる人）といいます。You always bring the rain.（あなたはいつも雨を連れてくる）といういい方もあります。

You're a rain bringer, aren't you?
あなたって雨男なんじゃない？

I don't think so.
そんなことないよ

memo

「晴れ男／晴れ女だね」といいたいときは、You always bring the sun. といいます。

類は友を呼ぶだね

Like attracts like.

ライク　アトラクツ　ライク

直訳すると「似たものは似たものを引き寄せる」。Birds of a feather flock together.（同じ羽の鳥は群れをつくる）ということわざも同じ意味です。

I guess our ways of thinking are similar.
僕たちの考え方って似ている気がする

Like attracts like.
類は友を呼ぶだね

このlikeは「好き」という意味ではなく、「似ている人（もの）」「同類」という意味の名詞です。

黙って！

Cut it out!
カリッ　アウト

嫌なことをしつこくいってくる人に対して、ビシッといいたいときに使える表現です。「やめて」「いい加減にして」という意味もあります。

Cut it out!
黙って！

I won't!
黙らないわ！

memo
相手に静かにしてほしいときに使える定番フレーズには、Be quiet.、Zip your lips.などがあります。Shut up!は少し強めな表現なので使用注意。

ずっと友だちでいようね

Best friends forever.

ベスト　フレンズ　フォーエヴァー

10代の若者たちがよく使う言葉です。BFFと省略して「大親友」という意味になり、会話やSNSで使われています。

Best friends forever.
ずっと友だちでいようね

Absolutely.
もちろん

memo

friendsのほかにmates、buddiesを使います。友だちや仲間を表す言葉です。

私たちは正反対なの

We are completely opposites.

ウィー　アー　コンプリートゥリー　アポズィッツ

スポーツは得意だけど勉強が苦手なペパーミント パティと、スポーツは苦手だけど成績優秀なマーシーは、正反対だけどbest friends（親友）。Opposites attract.（正反対だと引き合う）のかも。

We are completely opposites.
私たちは正反対なの

Definitely.
確かに

memo

「完全に」という意味のcompletelyをつけることで、「まったく逆である」というニュアンスを出すことができます。

昔と変わらないね

You're still the same.

ユア　スティル　ザ　セイム

「あなたは今でも（昔と）同じ」→「昔と変わらない」という意味になります。スヌーピーにはきょうだいがいますが、ふだんは離れてくらしています。たまに会うととても楽しそうです。

I'm so happy to see you again!
また会えてうれしいよ！

You're still the same.
昔と変わらないね

memo

You haven't changed.（変わってないね）という表現もよく使われます。

なんでも話して

Feel free to talk to me anytime.

フィール　フリー　トゥー　トーク　トゥー　ミー　エニタイム

遠慮がちな友人に、もっと気軽にいろいろ話してほしいと伝えるのにぴったりなフレーズ。feel free to ～は「遠慮なく～する」という意味。Feel free to eat it.（遠慮しないで食べてね）のように使えます。

Feel free to talk to me anytime.
なんでも話して

Actually...
実は…

memo

Feel free toのところは、Don't hesitate toでもOKです。

大勢のほうが楽しいよ！

The more, the merrier!

ザ　モア　ザ　メリアー

「みんなきてくれたんだね！」という気持ちで相手を迎えるときに使えます。直訳すると「人数が多いほど楽しい」です。the<比較級>, the <比較級>は、「～すればするほど、ますます…」という意味です。本来は比較級の後に主語と述語が続きますが、ここでは省略されています。

Can we all watch your play?

みんなで観戦してもいい？

CHAPTER 1

Sure! The more, the merrier!

いいよ！　大勢のほうが楽しいよ！

memo

merryは「陽気な」「お祭り気分の」という意味の古い言葉です。

僕たち友だちでしょ?

What are friends for?

ワッタア　フレンズ　フォー

「なんのための友だち？」という意味です。友だちに感謝や謝罪をされて、「友だちなんだから当たり前でしょう」というニュアンスの返事をしたいときにはぜひこのフレーズを。

I'm sorry for bothering you.
困らせちゃってごめんね

Don't say that! What are friends for?
何いってるの！　僕たち友だちでしょ？

What for?、What...for?は「なんのため」「なぜ」と理由をたずねるときによく使います。

すごく助かるよ

You're a lifesaver.

ヨラー　ライフセイヴァー

lifesaverは、もちろんライフセーバーのこと。日本語の「あなたは命の恩人です」に近い表現ですが、こちらは命がかかっていようがなかろうが使えます。

Thank you very much! You're a lifesaver.
ほんとにありがとう！　すごく助かるよ

It's nothing.
ぜんぜん大したことないよ

memo

「すごく助かる」はYou helped me so much.といっても、もちろんOKです。so muchをa lotにかえても同じ意味です。

いい加減にして！

Enough!

イナフ

シュローダーはしょっちゅうルーシーに演奏の邪魔をされています。このように、同じことをくり返されて堪忍袋の緒が切れたときに使えるひと言です。

Enough!
いい加減にして！

Why are you so upset?
なんでそんなに怒ってるの？

memo

「いい加減にして」と怒るときには、Enough is enough!、Enough already!ともいいます。

困ったときはお互いさま

You'd do the same for me.

ユーッドゥー　ザ　セイム　フォー　ミー

直訳すると「(もしあなたが私だったら) あなたも私のために同じことをするでしょう」。だから、お互いさまだよということになります。

Thank you for fixing my car.
車を修理してくれてありがとう

No problem. You'd do the same for me.
ううん、ぜんぜん　困ったときはお互いさま

memo

You'dはYou wouldの省略です。

切りかえろ

Snap out of it.

スナップ　アウタブ　イッ

スポーツで失点したときやミスをしたときによく聞くフレーズです。snapとは指パッチンのような鋭い音を立てること。切りかえを表現するのにぴったりな表現ですね。

We lost points again.
また失点した

Snap out of it.
切りかえろ

memo

「スイッチのオン／オフを切りかえる」はswitch on and offといいます。

なんてことすんだよ

How could you do that?

ハウ クッジュー ドゥー ザッ

ひどいことをした相手を非難するときに用いる表現です。口げんかのときは、doをsayにかえたHow could you say that?（なんてこというの）が使えます。

Gotcha!
ドッキリ大成功！

Hey! How could you do that?
おい！　なんてことすんだよ

memo

gotchaはI got you.の省略。いたずらを仕掛けて、相手が引っかかったときに、すかさずいいたいフレーズです。

僕たち馬が合うんだ

We hit it off.

ウィー　ヒッティット　オフ

hit it offは「気が合う」「意気投合する」という意味の表現です。「～と馬が合う」は、offの後にwith＋人をつけます。友だちはもちろん、相手は恋人や親戚でも構いません。

We hit it off.
僕たち馬が合うんだ

I can imagine.
なんかわかる気がする

memo

hit offだと「ものまねをする」「描写する」という、まったく異なる意味のイディオムになります。

あなたにはあきれるわ

I'm disgusted with you.

アイム　ディスガスティド　ウィズ　ユー

be disgusted with ～で「～にうんざりする」という意味です。人、もの、状況などについて、とても嫌な気持ちを伝えるときに使います。

Do I look nice?
似合ってる？

Don't be silly. I'm disgusted with you.
ふざけないで　あなたにはあきれるわ

memo

That's disgusting!（最低!）は、不快なものや言動を目の当たりにしたときに使えます。

仲直りしよ？

Why don't we make up?

ワイ　ドンウィー　メイカップ

make upに「仲直りをする」という意味があります。I want to make up with you.（仲直りしたいんだけど）といういい方もあります。友だちとけんかをした後には、自分からこう話しかけてみてくださいね。

Why don't we make up?
仲直りしよ？

I was thinking the same thing.
僕も同じこと考えてた

memo

日本語のメイクアップ＝「化粧をする」はput on makeupといいます。make upではありません。

大丈夫だよ

It's not the end of the world.

イッツ　ナッ　ズィエンド　オブ　ザ　ワールド

直訳すると「この世の終わりではない」ですが、「大丈夫」「大したことないよ」という意味で、大変なめにあって悩んでいる人などを励ますときによく使います。日本語の「死ぬわけじゃあるまいし」に近い表現です。

My interview didn't go well.
面接がうまくいかなかったよ

It's not the end of the world.
大丈夫だよ

memo

notをとってIt's the end of the world.だと、「終わった…」「もうダメだ」という意味になります。

どっちもどっち

It takes two to tango.

イッ　テイクス　トゥー　トゥー　タンゴ

「タンゴを踊るには2人必要」つまり、両方に責任があるということです。日本語の「けんか両成敗」と同じような意味で使われます。

Who's wrong?
悪いのはどっち？

It takes two to tango.
どっちもどっち

memo

「どっちもどっち（どちらにも問題がある）」には、Both are to blame.という表現もあります。

みんなで力を合わせよう

Let's work together.

レッツ　ワーク　トゥゲダー

work togetherにはただ一緒に働くだけでなく、協力し合うというニュアンスがあります。仕事に限らず、複数の人と物事に取り組むときに使うことができます。

Let's work together.
みんなで力を合わせよう

Duh.
当たり前でしょ

memo

workには「うまくいく」という意味もあり、It works.（うまくいく）It doesn't work.（うまくいかない）はよく使います。

すべてお見通しさ

I can see right through you.

アイ　キャン　スィー　ライッ　スルー　ユー

see right throughは「見抜く」という意味です。相手の魂胆が丸見えのときには、こういい放ちましょう。相手はギクリとするはずです。

I can see right through you.
すべてお見通しさ

What are you talking about?
えっ、なんのこと？

memo

What are you talking about?は会話に加わるときや、相手のいっていることがわからないときに使う便利フレーズです。

好きにすればいいさ

Suit yourself.

スートゥ　ユアセルフ

「あなたに都合のいいように合わせなさい」→「勝手にしなさい」「どうぞお好きに」という意味になります。相手のことを突き放すような冷たい印象のあるフレーズなので、使用シーンに注意が必要です。

I'm gonna leave the group.
グループから脱退するよ

Whatever! Suit yourself.
どうとでも！　好きにすればいいさ

memo

Help yourself.だと「（飲食物を）ご自由にどうぞ」という意味になります。

これからもず〜っとよろしくね

Let's be friends forever and ever.

レッツ　ビー　フレンズ　フォエバー　アンデヴァー

日本語の「よろしく」は、さまざまシチュエーションで使える便利な言葉です。英語にはぴったりの言葉がないので、相手や状況に応じて表現を使い分けましょう。

Let's be friends forever and ever.
これからもず〜っとよろしくね

CHAPTER I

Yeah.

うん

memo

forever and everは「これからもず～っと」という意味です。

COLUMN

SNSで使える！ 英語の略語

日本語と同じように、英語でもSNSやメールでは、略語がたくさん使われています。その中でも特に目にする略語を集めました。機会があったら、ぜひ使ってみましょう。

略語	原文	意味
ASAP	As Soon As Possible	できるだけ早く memo 急いでいるとき
BTW	By The Way	ところで memo 話題を変えるとき
CU	See You	またね memo C=see。IC= I seeもよく使う
FYI	For Your Information	参考までに memo 資料や情報を追加するとき
IDK	I Don't Know	わからない memo DYK=Do You Know、Did You Knowも使う
JK	Just Kidding	冗談だよ memo 女子高生のことではありません
LOL	Laugh Out Loud	声を出して笑う memo （笑）と同じ使い方。hahaもよく使う
OMG	Oh My God	なんてことだ memo 驚いたときに
Pls	Please	～してください memo 頼みごとをするときに
Thx	Thanks	ありがとう memo Ty(Thank you)もある
XOXO	Hugs and Kisses	ハグとキス memo メッセージの終わりに。主に女性が使う

CHAPTER 2

FEELINGS

きもち

好き！びっくり！最高！など、
自分の感情の表し方をたくさん知っておくと、
相手に気持ちを正確に伝えられます。

めちゃくちゃおもしろい

That's hysterical.

ザッツ　　　　　　ヒステリコォ

funnyよりおもしろいときにはhilariousだけでなく、hystericalも使えます。本来はヒステリー状態を表す言葉ですが、腹がよじれるほどおもしろいという意味もあります。爆笑したときに使ってみましょう。

That's hysterical.
めちゃくちゃおもしろい

What's so funny?
何がそんなにおもしろいの？

memo

interestingは知的興味がそそられるおもしろさ、funny、hilarious、hystericalは滑稽なおもしろさを表します。

君って最高！

You're awesome!

ユア　オーサム

「大好き」という気持ちを伝えたいけれど、I love you.じゃ重いと感じるときに使えるフレーズです。awesomeはgoodやgreatよりも素晴らしいときに使えるほめ言葉です。

You're awesome!
君って最高！

I'm not sure how to reply.
なんて言葉を返したらいいだろう

memo

awesomeだけでも、日本語の「すごい！」「ヤバい」と同じような使い方ができます。

イライラする

It's annoying.

イッツ　アノイング

何かにイライラしたときの表現。人にイライラするときはHe's / She's annoying.で表現します。一方、「私はイライラしている」という自分の感情を伝えるときは、I'm annoyed.を使います。

It's annoying.
イライラする

Calm down.
落ち着いて

memo

irritateもannoyと同じような意味でよく使われます。ものや事に焦点をあてて、It's irritating.（それはイライラする）や、自分の気持ちに焦点をあてて、I'm irritated.（私はイライラしている）のように使います。

よっしゃー！

Score!

スコア

「得点する」という意味のscoreは、うれしい気持ちを表すときにも使います。Yes!、Come on!、Woo-hoo!ともいいます。ゴールを決めたときは、喜びを言葉に乗せて叫んじゃいましょう。

Score!
よっしゃー！

Gimme five.
ハイタッチしよう

memo

「ハイタッチ」は片手ならhigh five、両手ならhigh ten。fiveとtenは指の数からきています。

退屈すぎる

I'm bored out of my mind.

アイム　ボアード　アウタブ　マイ　マインド

I'm bored.だけでも十分伝わりますが、後ろにout of one's mind / skull、to death / tears などをつけると、「おかしくなりそうなくらい退屈だ」と退屈であることが強調できます。

I'm bored out of my mind.
退屈すぎる

You should find something to do.
やること見つけなよ

memo

I'm boring.だと、「私は退屈な人です」という意味になります。「退屈な映画」など、人以外のものが退屈なときはThis movie is so boring.のようにいいます。

絶好調だよ

Couldn't be better.

クドゥント　ビー　ベター

「これ以上よくなりえない」→「絶好調」という意味になります。How are you (doing)?と聞かれたときに、fineやgoodでは収まらないくらい調子がいいときの答え方です。

How are you doing?
調子はどう？

Couldn't be better.
絶好調だよ

Could be better.だと「あまりよくない」という意味になります。

お返しよ!

I'll get you back!

アイル　ゲッチュー　バック

get backは「戻る」という意味のほかに、「仕返しをする」という意味があります。雪合戦のときは、やられたら思い切りやり返しちゃいましょう。

Whap!
えいっ!

How dare you! I'll get you back!
やってくれたわね!　お返しよ!

memo
revenge、pay backにも「仕返しする」という意味があります。

悩みがあるんだ

I have something bothering me.

アイ　ハヴ　サムスィング　ボダリング　ミー

botherは「悩ませる」という意味。誰もが何かしら悩みを抱えていますよね。でも、あまり思いつめないようにしてください。時にはtake it easy（気楽にいくこと）も大切ですよ。

You seem a bit down. Are you O.K.?
元気ないね　大丈夫？

I have something bothering me.
悩みがあるんだ

memo

worryにも「悩み」という意味があり、There is no end to my worries.（悩みが尽きない）のように使います。

なんだか寂しい

Somehow I feel lonely.

サムハウ　アイ　フィール　ロンリー

なぜか涙が出てきてしまう、なんとなく怪しいと感じるということがありますよね。この、理由はわからないけれど「なぜか」「なんとなく」を表現できるのがsomehowです。

Somehow I feel lonely.
なんだか寂しい

Come on! I'm always with you.
何いってるの！　私がいるでしょ

memo

「やや」「多少」という意味のsomewhatと混同しないよう注意しましょう。

あぁ、よかった！

What a relief!

ワタァ　リリーフ

ほっとしたり安心したりしたときにぴったりの表現。「安心した」という意味の形容詞relievedを使って、I'm relieved.や、I feel relieved.ということもできます。

I found the key to your locker.
あなたのロッカーのカギが見つかったよ

Thanks!　What a relief!
ありがとう！　あぁよかった！

memo

安心したときにふと出る「安堵のため息」はsigh of reliefといいます。

とってもうれしい

I'm like a dog with two tails.

アイム　ライカ　ドッグ　ウィズ　トゥー　テイルズ

クリスマスから遅れたとはいえ、サンタクロースからプレゼントをもらえて満足げなスヌーピーたち。like a dog with two tailsは犬がうれしくてしっぽを振る様子から生まれた表現で、「大喜びする」という意味です。

I love this tie. I'm like a dog with two tails.
このネクタイ気に入った　とってもうれしい

It looks very good on you.
すごく君に似合ってるよ

memo

ネクタイはnecktieでも間違いではありませんが、tieというのが一般的です。

恋わずらいだね

You've got it bad.

ユーヴ　ガリッ　バッド

have got it badは「熱を上げている」「恋わずらいをしている」という意味です。「恋の病にかかっている」という意味のlovesickを使って、You are lovesick.ともいえます。

She's always on my mind.
彼女のことが頭から離れないんだ

You've got it bad.
恋わずらいだね

carry a torch「愛の灯をともす」→「片思いをする」という表現もあります。

やったよ！

I did it!

アイ　ディディッ

目標を達成したとき、結果を出したときなどにぴったりのフレーズ。didを強くいうのがポイントです。相手に「やったね！」といいたいときは、You did it!になります。

I did it!

やったよ！

CHAPTER 2

Are you serious?

ウソでしょ？

memo

「やった！」とうれしい気持ちを表したいときは、I made it.でも伝えられます。

行き詰まってる

I'm stuck.

アイム　スタック

stuckは動けない状態をいいます。沼地に足を取られた状態、渋滞に巻き込まれた状態、いいアイデアが思い浮かばず煮詰まっている状態は、いずれもstuckで表すことができます。

What's that look for?
なんでそんな顔してるの？

I'm stuck.
行き詰まってる

I'm stuck in traffic.（渋滞にはまる）は、便利なフレーズなので一緒に覚えておきましょう。

力を出し切るぞ

I'm going all out.

アイム　ゴーイング　オール　アウト

go all outには「すべてを出し切る」という意味があります。試合や試験前の気合を入れたいときに使います。チームでの試合前なら、Let's go all out!といって士気を高めましょう。

I'm going all out.
力を出し切るぞ

Good luck.
がんばって

I'm going all out.は、パーティーなどで「盛り上がっていこうぜ!」といいたいときにも使えます。

ぼーっとしてた

I was spaced out.

アイ　ワズ　スペイスタウト

spaceは「空間」「宇宙」という以外に、be spaced outで「ぼーっとする」「上(うわ)の空」という意味になります。be zoned outも同じ意味でよく使われます。

Hey! Are you listening?
ねえ！　話聞いてる？

Sorry, I was spaced out.
ごめん、ぼーっとしてた

memo

体調がすぐれずにぼーっとしてしまうときはI'm dazed.といいます。

すごく緊張する

My heart is in my mouth.

マイ ハート イズ イン マイ マウス

直訳すると「心臓が口の中にある」。極度に緊張した状態をたとえた表現です。授業中、先生に当てられるかもと思うとドキドキしますよね。そんなときは、nervous以外の言葉でも気持ちを表してみてください。

My heart is in my mouth.
すごく緊張する

Me too!　I'm so nervous that I'm shaking.
私も！　緊張で体が震えちゃうわ

I have butterflies in my stomach.（胃の中にチョウがいる）も、緊張して落ち着かないときに使えます。

この曲でテンション爆上がりだ

This song pumps me up.

ディズ　ソング　パンプス　ミー　アップ

pump upは「ポンプでくみ上げる」だけでなく、「気分を上げる」という意味でも使います。テンション（tension）は「緊張」という意味で、このシチュエーションでは使いません。

This song pumps me up.
この曲でテンション爆上がりだ

It rocks.
イケてる曲だね

memo

Pump it up!は「気合を入れろ!」という意味。試合や試験前に使えそうな表現です。

しかたないね

Oh well.

オウ　ウェル

あきらめの気持ちを簡単に表現できるフレーズです。低めの声でいうと雰囲気が出ます。投げやりな印象を与える表現なので、注意して使うようにしましょう。

We just missed the train.
電車逃しちゃったよ

Oh well.
しかたないね

memo

Oh well.だけで使うことも、その後ろに言葉をつづけることもできます。「まあいっか」という意味もあることを覚えておきましょう。

ボロボロだよ

I'm such a mess.

アイム　サッチア　メス

messは部屋が散らかっているときだけでなく、気持ちが乱れているときやメンタルがボロボロのときにも使うことがあります。suchはなくても構いません。

I'm such a mess.
ボロボロだよ

Are you O.K.?
大丈夫？

messを動詞として使ったI messed up.（失敗した）もよく使われます。102ページのI screwed up.と同じ意味です。

最高の気分！

I'm on cloud nine!

アイム　オン　クラウド　ナイン

happyではいい尽くせないくらい幸せな気持ちのときに使う表現です。日本語の「天にも昇る気持ち」と似ています。nineの意味には諸説あり、よくわかっていません。

You look happy. What happened?
幸せそうだね　なんかあった？

He proposed. I'm on cloud nine!
プロポーズされたの　最高の気分！

memo

「最高の気分！」といいたいときは、I'm in seventh heaven.も同じような意味で使えます。

複雑な気持ちです

I have mixed feelings.

アイ　ハヴ　ミックスト　フィーリングズ

mixed feelingsは、さまざまな感情が入り混じっていることを表す言葉です。自分の気持ちがはっきりしないときや、うまくいい表せないときにも使えます。

How do you feel?
今どんな気持ち？

I have mixed feelings.
複雑な気持ちです

memo

I'm mixed up.（混乱している）は、頭の中がぐちゃぐちゃになったときに使えるフレーズです。

勘弁してよ

Give me a break.

ギミー　ア　ブレイク

直訳だと「休憩をください」という意味なのですが、それよりも何かにあきれたときやうんざりしたときに使うことが多いフレーズです。自分が失敗したときに使うこともあります。

Let's get up at 5 every morning from tomorrow.
明日から毎朝5時に起きようよ

Give me a break.
勘弁してよ

memo

単に休憩がほしいときはCan I have a break?といいます。

心臓が止まるかと思った

You almost gave me a heart attack.

ユー　オールモウスト　ゲイヴ　ミー　ア　ハートアタック

日本語でも同じようないい方をしますよね。あまり乱用せず、本当に驚いたときだけに使うようにしましょう。almostを入れ忘れないようにしましょう。

Were you surprised?
驚いた？

You almost gave me a heart attack.
心臓が止まるかと思った

memo

Wow!、Whoa!（ウォウ）などの感情やあいづちを意味する言葉の後にいうこともあります。

まったく悔いはないよ

I have no regrets whatsoever.

アイ　ハヴ　ノー　リグレッツ　ワッソウエヴァー

whatsoeverはwhateverを強調した形で、否定文で使うと「少しの〜もない」という意味になります。1ミリも後悔（regret）していないときにうってつけのフレーズです。

Oh, that's a shame.
あぁ、それは残念だったね

But I have no regrets whatsoever.
でも、まったく悔いはないよ

memo

このshameは「恥」ではなく、「残念なこと」という意味です。

ぎゃあああ！

Eek!

イーク

驚きや恐怖を感じたときに上げる声です。「怖い」という意味の表現には、I'm afraid / scared.などいくつかあるものの、実際にお化けを見たら悲鳴を上げるのが精いっぱいでしょう。

Boo!

ばあっ！

Eek!

ぎゃああ！

memo

I'm scared.より怖いときは、
I'm terrified.といいます。

COLUMN

dogを使った英語表現

英語にはdogを使った表現がいくつもあります。ところが、犬は人間にとって親しい動物であるにもかかわらず、ネガティブな意味の表現がほとんどです。ここでは、数少ないポジティブな意味をもつ表現を紹介します。

top dog

「勝ち組」「支配者」という意味です。This company is the top dog in the auto industry.（この企業は自動車業界の最大手です）のように、ものに対しても使うことができます。
対義語はunderdogで、「負け組」「負け犬」「敗者」という意味です。

work like a dog

犬のように働くとは、「懸命に働く」「なりふり構わず働く」ということです。牧羊犬、そり犬、盲導犬など、犬は古くから人間のために働いてきたことからできた表現です。
work like a horse、work like a beaverも似た意味で使われます。

Every dog has his(its) day.

どんな犬にも全盛期がある、誰にでもチャンスがあるという意味です。何事もうまくいかずに悩んでいる人、結果が出ずに落ち込んでいる人を励ますときなどに使います。「犬も歩けば棒に当たる」と似ています。

CHAPTER 3

WORDS

ことば

友だちをほめたいとき、
困っている人に声をかけたいときなどに使える
ちょっと気の利いた言葉を紹介します。

人生山あり谷ありだよ

Life has its ups and downs.

ライフ　ハズ　イッツ　アップサン　ダウンズ

人生にはいいことも悪いこともありますよね。悪いことが続いたときは、What will be, will be.（なるようになるさ）と気楽に考えるのもひとつです。

I had a bad day today.
今日は最悪だった

Life has its ups and downs.
人生山あり谷ありだよ

memo

似た意味の表現にYou have to take the good with the bad.（楽あれば苦あり）があります。

自分へのごほうびさ

I'm treating myself.

アイム　トゥリーティング　マイセルフ

treatは「ごちそうする」「もてなす」なので、treat myselfで「自分にごちそうする」→「自分へのごほうび」という意味になります。「自分へのごほうびにドーナツを買う」はI treat myself to doughnuts.といいます。

I'm treating myself.
自分へのごほうびさ

Let me have a bite.
ひと口ちょうだい

memo

「自分へのごほうび」はreward myselfもよく使う表現です。

元気出して!

Chin up!

チンナップ

chinは「あご」のこと。落ち込んでうつむいている人に「あごを上げて」という、励ましの表現になります。Keep your chin up!といういい方もあります。

Chin up!
元気出して!

Yeah, you're right.
そうだね、君のいうとおりだ

memo

友だちを励ましたいときは、Cheer up!もよく使います。

失敗は誰にでもあるよ

Everyone fails sometimes.

エブリワン　フェイルズ　サムタイムズ

Everybody makes mistakes. も同じ意味です。失敗に落ち込んでいる友だちがいたら、Failure is the mother of success.（失敗は成功の母である）や、Practice makes perfect!（習うより慣れろ！）と声をかけてあげても効果ありです。

I missed a shot.
シュートを外しちゃった

Everyone fails sometimes.
失敗は誰にでもあるよ

memo

名詞のfailには「不合格」という意味があります。対義語はpass（合格）です。

便りのないのはよい便り

No news is good news.

ノー ニューズ イズ グッド ニューズ

日本語をそのまま訳したら近しい意味になる英語表現があります。ここでのnewsは「知らせ」「消息」という意味です。ニュースではなく、ニューズと発音するのがポイント。

They haven't contacted me recently.
彼らは最近ぜんぜん連絡をよこさない

No news is good news.
便りがないのはよい便り

memo

newsを使ったことわざには、Bad news travels fast.（悪事千里を走る）もあります。

大したことないよ
It's not a big deal.
イッツ　ナッ　ラ　ビッグ　ディール

ほめられたり、謝られたり、感謝されたりしたときの返事として使える謙遜の表現。会話の中ではIt'sを省略してNot a big deal.、No big deal.ということもしばしばです。

You speak English like a native speaker.
あなたの英語ってネイティブみたい

It's not a big deal.
大したことないよ

memo

友だち同士の会話の中では、省略してNo biggie.ということもあります。
It's a big deal.といえば、相手に「重要なことだ」と伝えられます。

君は何百万人に一人の逸材だ

You're one in a million.

ユーアー　ワン　インナ　ミリオン

日本語では○○年に一人、○○人に一人といういい方をしますが、英語ではmillion（百万）を使います。大げさにいうことで、逸材であることが強調されるのかも。

You're one in a million.
君は何百万人に一人の逸材だ

Oh, gosh!
まあ！

memo

「千載一遇のチャンス」はa one in a million chance。

小さなことでくよくよしちゃだめ
Don't sweat the small stuff.

ドンッ　スウェット　ザ　スモール　スタッフ

sweatには「汗をかく」だけでなく、スラングで「心配する」という意味もあります。Don't sweat it.は、Don't worry about it.（心配しないで）と同じ意味で使うことができます。

Don't sweat the small stuff.
小さなことでくよくよしちゃだめ

I know I know...
わかってるよ…

memo

stuffはthingsと同じように、「もの」「こと」を表します。日本語で「店員さん」の意味のスタッフ（staff）と間違えないようにしましょう。

君には脱帽だよ

I take my hat off to you.

アイ　テイク　マイ　ハット　オフ　トゥー　ユー

英語で「帽子をとる」という意味のtake one's hat offも、日本語の「脱帽」と同じように、敬意を表すという意味があります。「努力に脱帽」といいたいときは、youの後にfor your effortsをつけます。

I run 10km everyday.
毎日10キロ走ってるんだ

I take my hat off to you.
君には脱帽だよ

memo

wear many hatsで「手にいろんな職がある」、wear two hatsは「二足のわらじを履く」という意味。あわせて、知っておきましょう。

今日はついてない

It's not my day today.

イッツ　ナッ　マイ　デイ　トゥデイ

「自分の日じゃない」→「ついていない」という意味になります。生きていればそんな日もありますよね。気にしない、気にしない。

It's not my day today.
今日はついてない

Forget about it.
忘れちゃいなよ

memo

make one's dayだと「（人）の一日を素晴らしいものにする」の意味。例えば、友だちのおかげで楽しい時間を過ごせたときにYou made my day.（おかげでいい日になりました）といいます。

今さら後戻りできないよ

There's no turning back now.

ゼアズ　ノー　ターニング　バック　ナウ

turn backは「引き返す」という意味。道を引き返せないときだけではなく、後に引けない状況になったとき、取り返しのつかないことをしてしまったときなどにも使います。

I'm afraid we did it wrong.

僕たちやり方を間違えたんじゃない

Don't say that! There's no turning back now.

そんなこというな！　今さら後戻りできないよ

memo

There's no turning back the hands of time.（時計の針を巻き戻せない）という表現もあります。

そのままの君でいいよ

Just the way you are.

ジャスタ　ウェイ　ユー　アー

家族、恋人、親友に対して使う表現です。the way you areは「あなたのあり方」という意味で、justはそれを強調しています。I like you.やI love you.の後につけることもあります。

I have to change myself.
変わらなくちゃ

Just the way you are.
そのままの君でいいよ

memo

You're perfect the way you are.で「あなたはそのままで完璧だよ」という意味になります。

そこでじっとしてろ

Stay put.

ステイ　　　プット

stay（とどまる）＋ put（置く）だけのシンプルなフレーズ。動かずに「その場でじっとしていなさい」という意味になります。体調が悪い人に「安静にしていなさい」といういうときにも使うことができます。

Help me!
助けて！

Stay put. I'm gonna help you.
そこでじっとしてろ　今助けに行くから

memo

stay put socks（ずれにくい靴下）、stay put mat（滑り止め付マット）のような使い方もあります。

おもいっきり楽しもう！

Let's have a blast!

レッツ　ハヴァ　ブラストゥ

blastは「突風」のことですが、have a blastでなぜか「楽しむ」という意味になります。友だち同士の会話でよく使われます。have fun、have a good timeのかわりに使ってみましょう。

Let's have a blast!
おもいっきり楽しもう！

Cheers!
乾杯！

memo

It was a blast.（とても楽しかったよ）という表現も覚えておきましょう。

前向きにいこう

Look on the bright side.

ルッコン　ザ　ブライト　サイド

「物事の明るいほうを見よう」という意味です。クヨクヨしている人やネガティブな気持ちの人がいたら、こう声をかけて励ましてあげましょう。

I failed again.
また失敗したよ

Look on the bright side. You might be closer to success.
前向きにいこう　君は成功に近づいているかもしれないよ

memo

ネガティブになっている人にはpositive（前向き）を使って、Stay positive.ということもできます。

まずやってみるよ

I'll give it a shot.

アイル　ギヴィットゥ　ア　ショット

give it a shotは「試しに挑戦してみる」ということ。tryとほぼ同じ意味ですが、tryより軽い気持ちで使えるフレーズです。どんどん使っていきたい言葉ですね。

I'll give it a shot.
まずやってみるよ

That's the spirit.
そうこなくちゃ

memo

Give it a shot.と同じような意味で、Give it a go.ともいいます。

忘れなよ

Get over it.

ゲットオーバー　イッ

get overで「乗り越える」という意味。失恋で落ち込んでいる人にいう場合は、itがhim / herになります。

I failed the exam.
試験に落ちちゃった

Get over it. You still have a chance.
忘れなよ　まだチャンスがあるだろ

memo

get overには、「克服する」以外に「（面倒なことを）終わらせる」という意味もあります。

彼は太陽のような人だ

He's a ray of sunshine.

ヒーズァ　レイ　オブ　サンシャイン

そこにいるだけでその場の雰囲気を明るくする人を「太陽のような人」といいますよね。英語では、そのような人をa ray of sunshine（一筋の光）と表現します。

He's a ray of sunshine.
彼は太陽のような人だ

Definitely.
確かに

memo

a ray of hope「一縷（いちる）の望み」という表現もあります。

彼に会えるなんて奇跡だよ

I only see him once in a blue moon.

アイ　オウンリー　スィー　ヒム　ワンス　インナ　ブルー　ムーン

ブルームーンは珍しいことから、once in a blue moonで「めったにない」という意味になります。このJoe Preppy（ジョー・プレッピー）は、『ピーナッツ』の連載中に1回しか登場していないレアキャラです。

I only see him once in a blue moon.
彼に会えるなんて奇跡だよ

I'm happy for you.
それはよかったね

memo

めったにないことは、miracle（奇跡）を使ってIt's a miracle that ～でも表現できます。

彼らは期待以上だったよ

They went above and beyond.

ゼイ　ウェント　アバブ　アンド　ビヨンド

aboveは「上に」、beyondは「超えて」という意味です。この二つを組み合わせると、「期待（予想）をはるかに上回る」という意味になります。

The game was full of surprises.
番狂わせだったね

They went above and beyond.
彼らは期待以上だったよ

意味が似ているoverとaboveを組み合わせたover and aboveは「～に加えて」という意味です。

一歩ずつ進もう

One step at a time.

ワン　ステップ　アッタ　タイム

one stepは「一歩」、at a timeは「一度に」という意味。早く終わらせようと焦っても、うまくいかないことってありますよね。そんなときは、落ち着いて確実に一つずつ物事を進めていきましょう。

It's not going well at all.
ぜんぜんうまくいかない

One step at a time.
一歩ずつ進もう

memo

oneの前にLet's takeをつけることもあります。

笑顔でいようね！

Let's keep smiling!

レッツ　キープ　スマイリング

keepには、「(状態を) 保つ」という意味があります。つまり、ここでは「笑顔を保とう」ということですね。人生は常にいいことばかりではありませんが、笑顔を忘れずにいたいものです。

Let's keep smiling!

笑顔でいようね！

CHAPTER 3

Yes, let's.

そうしよう

memo

keep smilingは「気にしないで」という意味の励ましの言葉としても使います。Let's ～.（～しよう）に対して、No, let's not.で「やめておこう」です。

COLUMN

“変装する”は英語でなんという?

変装するのがとても得意なスヌーピー。
第一次世界大戦の撃墜王フライング・エースをはじめ、さまざまな姿を見せてくれます。
この“変装する”は英語でいくつかいい方がありますので、使い分けましょう。

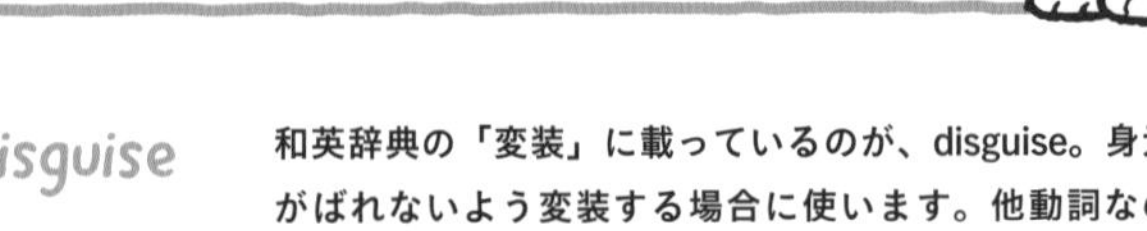

disguise

和英辞典の「変装」に載っているのが、disguise。身元がばれないよう変装する場合に使います。他動詞なので、使い方に注意が必要です。
「彼は変装した」は、He disguised.ではなく、He was (got) disguised.または、He disguised himself.といいます。

dress up

dress upには、「着飾る」と「変装する」という意味があります。151ページで紹介しているように、ハロウィンの「仮装をする」というときに使うのがこの表現です。wear a costumeといういい方もあります。 dress downだと、「着くずす」という意味になります。外から帰って、家着に着替えたときなどに使える表現です。

cosplay

「コスプレする」は英語でもcosplay。和製英語が逆輸入されて英語として定着した珍しい例です。日本と同じようにアニメやゲームのキャラクターに扮することをいい、魔女や吸血鬼のようなハロウィンの仮装には使いません。cosplayという言葉になじみのない人もいるので、相手によってはdress up を使うほうがよいでしょう。

CHAPTER 4

FUN

あそぼ！

スポーツに熱中しているとき、
友だちと思いきりはじけて遊んでいるときなどに、
使える言い回しが満載です。

がんばれ！

Go for it!

ゴー　フォー　イッ

試合や試験に臨む人、新しいことに挑戦する人にかけてあげたい前向きな応援の言葉です。Good luck!（幸運を祈る！）も「がんばれ」の意味でよく使います。

I have an exam tomorrow.
明日テストだよ

Go for it! You can pass it.
がんばれ！　合格できるよ

memo

誰かを応援するときにDo your best.（ベストを尽くせ）とはあまりいいません。I'll do my best.のように、自分ががんばるときに使います。

朝飯前さ

It's a piece of cake.

イッツァ　ピース　オブ　ケイク

a piece of cakeを直訳すると「一切れのケーキ」。一切れのケーキならぺろりと食べられることから「簡単なこと」という意味になります。as easy as pieともいいます。

What a big catch!
大漁だね！

It's a piece of cake.
朝飯前さ

memo

「大漁」はbig / good catch。catchは「捕まえたもの」という意味です。

ナイスショット!

Good shot!

グッ　　ショット

ゴルフでいいショットを打った人にかけるひと言。niceではなく、goodを使います。「素晴らしいショット」には、goodではなく、great、beautiful、amazingをつけることも。

Good shot!
ナイスショット!

Almost a hole in one.
もう少しでホールインワンだったよ

memo

野球でいい球を投げたピッチャーに対していう「ナイスボール」は、good pitchです。

運動音痴なの

I'm not good at sports.

アイム　ナッ　グッダアッ　スポーツ

〜音痴は「得意である」という意味があるbe good atの否定文で表現できます。本当に苦手なら、not goodのところにterribleやhopelessを使うとより伝わるでしょう。

I'm not good at sports.
運動音痴なの

I can see just looking at you.
君を見ていたらわかるよ

memo

歌がうまくない「音痴」はsportsのところにcarrying a tuneを入れます。

しくじった！

I screwed up!

アイ　スクリューダアップ

screw upは「失敗する」という意味です。自分がフライを捕ることを周りに知らせるときは、I got it.（私が捕るよ）といいます。ミスを減らすには、しっかり声を出すことが大切ですね。

Sorry, I screwed up!
ごめん、しくじった！

Oh, come on.
もぉ～、頼むよ～

memo

screwは本来「ネジ」「ネジでしめる」「（体などを）ひねる」という意味です。

危ない！

Watch out!

ゥワッチ　アウト

ライナスが投げた雪玉がルーシーに当たったら大変！　今回は、間一髪でセーフ（Lucy was saved by the bell.）だったので、ルーシーから大目玉を食らわずに済んだようです。

Watch out!
危ない！

What's going on?
どうしたの？

memo

「~に気をつけて」は、Watch your step.（足元に気をつけて）のようにいいます。

彼らって負けず嫌いね

They hate losing.

ゼイ　ヘイト　ルージング

このほかに、They are competitive.といういい方もあります。competitiveは「競争心のある」という意味です。いい意味でも悪い意味でも使うことができる表現です。

They hate losing.
彼らって負けず嫌いね

Apparently.
そのようですね

memo

「負けず嫌い」に似た表現にsore loserもあります。こちらは「負け惜しみをいう人」というネガティブな意味合いがあります。

本を読んであげる

I'll read you a book.

アイ　リージュア　ブック

子どもに絵本の読み聞かせをするときにいうフレーズです。「絵本」は a picture bookですが、会話ではa bookまたは a storyのほうがよく使われます。

I'll read you a book.
本を読んであげる

Read this book.
この本を読んで

memo

「(人に) ~してあげる」は、I'll ~で表現できます。

ドンマイ！

Shake it off!

シェーキロォフ

もともとは「振り払う」という意味ですが、失敗した人を励ますときに「気にしないで」という意味でも使います。Next time!（次があるよ）と声をかけるのもいいですね。

I missed the ball!
ボールを打ちそこねちゃった！

Shake it off!
ドンマイ！

memo

ドンマイの語源であるI don't mind.（私は気にしません）は、許可をするときに使います。

よっこいしょ！

Here we go!

ヒア　ウィー　ゴー

「よいしょ」「よっこいしょ」にぴったりの表現は英語にはありません。Here we go.は「さあ行くぞ」という意味ですが、重いものを持ち上げるときに使うこともあります。

Here we go!
よっこいしょ！

Is that so heavy?
そんなに重いの？

memo

「雪だるまを作る」はbuild a snowman。makeでも間違いではありませんが、buildのほうが使われます。

恥ずかしい！

How embarrassing!
ハウ　インバラシング

言動や事柄に恥ずかしいと感じたら、こういってみましょう。「私は恥ずかしい」という場合はI'm embarrassed.です。

How embarrassing!

恥ずかしい！

CHAPTER 4

Never mind.

気にすることないよ

memo

「赤面する」という意味で、My cheeks are burning.、I'm turning red.（顔が赤くなっちゃった）という表現もあります。

今日はサーフィン日和だよ

It's a perfect day for surfing.

イッツァ　パーフェクト　デイ　フォー　サーフィン

「〜日和」の表現です。「洗濯日和」はsurfingのところにlaundry、「行楽日和」はgoing out、「ピクニック日和」はa picnicを入れます。

It's sunny today.
今日は快晴だね

It's a perfect day for surfing.
今日はサーフィン日和だよ

memo

perfectのかわりにbeautifulでもOKです。

スポーツ万能だね

You're athletic.

ユア　アスレティック

「スポーツ万能」はbe good at sportsでもいいのですが、「運動神経がいい」という意味のathleticで表現することもできます。ちなみに、スヌーピーはスポーツ万能です。

I'm very good at baseball, soccer and basketball.
野球もサッカーもバスケも超得意だよ

You're athletic.
スポーツ万能だね

memo

自然の中にあるアスレチックは、adventure parkといいます。

あがり！

Done!

ダーン

カードゲームやすごろくで勝ったときにいう「あがり」「一抜け」のいい方です。I'm out.という表現も使われます。トランプはcardsまたはplaying cardsといいます。

Done!
あがり！

Are you kidding?
ホントに？

memo

shuffle / deal the cards（カードを切る／配る）も知っておくと便利です。

もういいかい？

Ready or not, here I come.

レディ オア ナッ ヒア アイ カム

hide and seek（かくれんぼ）は、海外でも楽しまれている遊びです。ただし日本と異なり、鬼は数を数え終わったら相手の返事を待たずに、隠れている人を探しに行きます。

Ready or not, here I come.
もういいかい？

Eeek! I wasn't ready!
えー！ まだ隠れてないよ！

memo

素早く数えてすぐに探しにきた鬼に向かって、Hey! Did you count to 100?「おい！ 100まで数えた？」なんていうやり取りもあります。

ナイスファイト！

Good game!
グッ　ゲイム

スポーツにおいて選手たちの健闘を称えるときに使える表現です。gameのところはmatchでも構いません。スポーツ以外の場合は、Good job!、Well done!といいます。

Good game!
ナイスファイト！

But we lost 3 games in a row.
でも、3連敗だよ

memo

ファイト（fight）は「けんか」という意味。日本語を直訳してnice fightにすると「よいけんか」という意味になってしまいます。

クラシックはさっぱりだよ

I'm not into classical music.

アイム　ナッ　イントゥ　クラシカル　ミュージック

be into ～は「～にハマっている」という意味です。「あんまりハマっていない」といいたいときは、notとintoの間にreallyを入れます。なお、「クラシック音楽」はclassical music。classicではありません。

What is your favorite piece by Beethoven?
ベートーヴェンのどの曲が一番好き？

No idea. I'm not into classical music.
さあね　クラシックはさっぱりだよ

memo

be familiar with ～「～にくわしい」を使ってI'm not familiar with classical music.でもOK。

スピードに乗ってるよ

We are speeding fast.

ウィー　アー　スピーディング　ファスト

小型のそりに乗っていれば、We are sledding fast.（速く滑っている）といういい方もできます。車なら、The car is speeding fast.またはYou're driving fast.といいます。Stop speeding.なら「スピードの出しすぎはやめて」です。

We are speeding fast.
スピードに乗ってるよ

Wheeee!
わあい！

memo

sledは名詞なら「小型のそり」、動詞なら「そりに乗る」という意味にもなります。サンタクロースが乗るような、トナカイなどが引くそりはsleigh。

ずるい！

That's not fair!

ザッツ　ナッ　フェア

fairは「公平」という意味なので、「公平ではない」→「ずるい」です。フェアプレイのように、日本語で使われることもありますね。

This is all for me!
これは全部僕のだ！

That's not fair!
ずるい！

memo

fair and squareは「正々堂々と」。play fair and squareで「正々堂々と戦う」という意味になります。

すってんころり

I slipped and fell.

アイ　スリップト　アンド　フェル

英語にはしっくりくる表現がないので、「滑る」という意味のslipと「転ぶ」という意味のfallを組み合わせて使います。後ろに転ぶのは危険ですので注意してくださいね。

I slipped and fell.
すってんころり

Are you all right?
大丈夫？

memo 「尻もちをつく」はfall on one's backside / behind

力作だね！

What a great work!

ワラ　グレイッ　ワーク

「力作」はa great workといいます。Great work!だと「お疲れさま」という意味になり、これは素晴らしい仕事をした人に対して、目上の人がかける言葉です。

What a great work!
力作だね！

It took 2 hours to make it.
作るのに2時間かかったよ

memo

「砂の城」はsand castle、「砂像」はsand sculptureといいます。

ビューン

Whoosh.

ウーッシュ

車が高速で走るときの「ビューン」、飛行機が飛ぶときの「ブーン」に当たる擬音語です。紙飛行機（paper plane）を飛ばすときにも使えます。海外の子どもたちも、紙飛行機を飛ばして遊んでいます。

Whoosh.
ビューン

How far it flies!
よく飛ぶね！

剣を振るときの「シュッ」という音もWhooshで表します。

ここにテントを張ろう

Let's put up a tent here.

レッツ　プッダップ　ア　テント　ヒア

「テントを張る」の「張る」はput upだけでなく、set up、pitchを使うこともあり「キャンプすること」は英語でcamping。campは「キャンプ場」のことです。

Let's put up a tent here.
ここにテントを張ろう

We should find somewhere else.
別の場所にしようよ

memo

「テントをたたむ」はfold up a tentといいます。

こんなに散らかして！

What a mess!

ワラァ　メス

たいていの場合、What a mess.の後にTidy up!（片づけなさい）またはClean up!（きれいにしなさい）というフレーズが続きます。

What a mess!

こんなに散らかして！

CHAPTER 4

We are just about to tidy up.

今片づけようとしていたところ

memo

be about to ～で「今から～しようとするところ」という意味。be動詞とaboutの間にjustを入れると、「今まさに」というニュアンスを出せます。

COLUMN

英語で性格をいってみよう！

『ピーナッツ』には、たくさんのキャラクターが登場します。お気に入りのキャラクターの性格を英語でいってみましょう。自分や周りの人の性格を話すときにも、ぜひ活用してください。

日本語	英語	日本語	英語
明るい	cheerful, bright	正直な	honest
いい加減な	sloppy	せっかちな	impatient
誠実な	loyal	何事にも動じない	determined
おおらか	easy-going	人懐こい	friendly
おとなしい	quiet	人見知りする	shy
おかしな	funny	控えめな	modest
温厚な	warm	前向きな	positive
我慢強い	patient	まっすぐな	straightforward
頑固な	stubborn	やさしい	kind
几帳面な	meticulous	優柔不断な	wishy-washy
口うるさい	nagging	わがままな	selfish

「彼は明るい」は、He is cheerful.
「彼は明るい人です」は、He is a cheerful person.
「彼は明るい性格です」は、He has a cheerful personality.です。
cheerfulのところを変えていってみましょう。

CHAPTER 5

LIFE

くらし

日常生活の中ではふつうに使っているけれども、
英語ではいいたくてもいえなくて
モジモジしちゃうひと言を紹介します。

お腹ペコペコ

I could eat a horse.

アイ　クッ　イータ　ホース

馬一頭を丸ごと食べられるくらいお腹がすいているという意味。日本とは異なり、英語圏の国では、馬を食べることは一般的ではありません。

I could eat a horse.
お腹ペコペコ

O.K. I'll prepare dinner.
わかった　夕食を作るよ

memo

英語には馬を使った表現がいくつかあります。Even the best horse stumbles.（名馬もつまずく）は「猿も木から落ちる」と同じ意味です。

超イケてる

You're on fleek.

ユア　オン　フリーク

on fleekは「かっこいい」という意味の比較的新しいスラングです。特に眉や髪型が決まっている場合に使います。cool、hot、handsome、cute、attractiveなど、「かっこいい」という意味の言葉はいろいろあります。

How do I look today?
今日の僕はどう？

You're on fleek.
超イケてる

memo

cuteには、「かわいい」だけなく「かっこいい」という意味もあります。

当ててみて!

Take a guess!

テイク　ア　ゲス

日常会話の中でも、相手の質問への切り返しとして使えるフレーズです。自分から「当ててみようか」と提案するときは、Let me guess.といいます。

What's in the box?
箱の中身は何?

Take a guess!
当ててみて!

memo

Guess what?は「ちょっと聞いて」と話を切り出すときに使います。

駅まで送ってくれない？

Can you drive me to the station?

キャン　ニュー　ドゥライヴ　ミー　トゥーザ　ステイション

「送る」というとsendを使いたくなりますが、車で送ってほしいときはdrive、徒歩ならwalkを使います。迎えに来てほしい場合は、Can you pick me up at the station?といいます。

Can you drive me to the station?
駅まで送ってくれない？

Sure.
もちろん

memo

「送ろうか」と提案する場合は、Need a ride?とたずねます。

僕は目が悪いんだ

I have bad eyesight.

アイ　ハヴ　バッド　アイサイト

badのかわりにpoorでもOK。反対の「目がいい」は、good eyesightです。ちなみに、スヌーピーは目が悪く、ふだんはコンタクトレンズをつけています。

What does that sign say?
あの看板なんて書いてある？

I can't read it. I have bad eyesight.
読めないよ　僕は目が悪いんだ

memo

「コンタクトレンズをつける」はput in contact lenses。外すときはtake out contact lensesです。

今日は少し風があるね

It's kind of windy today.

イッツ　カインダブ　ウィンディ　トゥデイ

kind ofは「少し」という意味だけでなく、I'm kind of bored.（ちょっと退屈かな）のように、断定せずあいまいに伝えたいときにもよく使われます。kindaと省略することもあります。

It's kind of windy today.
今日は少し風があるね

My hair will get messy.
髪型が乱れちゃう

「少し」といいたいときは、kind ofのほかにa bit、a little bit、sort ofなども使えます。

大盛りだ！

What a large serving!

ワラ　ラージ　サービング

WOW!

「大盛り」はlarge serving / helpingといいます。ご飯を大盛りにできるかたずねるときは、Could I get a large serving of rice?と聞いてみましょう。

Wow, what a large serving!
わぁ、大盛りだ！

Just this once.
今回だけだよ

memo

「小盛り」はlargeのところにsmall、「特盛り」はextra-largeをつけます。

手放すもんか

I'll never give up my blanket.

アイル　ネヴァー　ギヴァップ　マイ　ブランケット

security blanket（安心毛布）は、幼児が安心感を得るために「常に手元に置いておくもの」という意味。『ピーナッツ』から生まれた表現です。

You look like a baby holding your blanket.
毛布なんか抱いちゃって赤ちゃんみたい

I'll never give up my blanket.
手放すもんか

memo

give upには「あきらめる」以外に「手放す」という意味があります。

お誕生日おめでとう！

Many happy returns!

メニー　ハッピー　リターンズ

「この先何度も誕生日を祝えますように」というのが本来の意味です。誕生日を祝う言葉は、Happy Birthday!だけではありません。このような幸せを願う言葉をおくることもあります。

Many happy returns!
お誕生日おめでとう！

Oh, thank you!
ありがとう！

memo

プレゼントを渡すときは、This is for you. I hope you'll like it.（これ、あなたに。気に入ってくれるといいな）といってみましょう。

熟睡中

He's sleeping like a log.

ヒズ　スリーピング　ライク　ア　ログ

logは「丸太」。深く眠っている様子を丸太にたとえています。logをbabyにかえても同じ意味になります。疲れて眠っているときは、そっとしておいてあげたほうがいいかもしれませんね。

What's he doing?
彼は何してるの？

He's sleeping like a log.
熟睡中

memo

log cabinなら「丸太小屋」。Christmas log cakeはクリスマスの定番ケーキ「ブッシュドノエル」のこと。丸太の形をしていますよね。

痛いの、痛いの、飛んでけー！

Pain pain, go away!

ペイン　ペイン　ゴー　アウェイ

痛いところがある子どもをなだめるためにかけるおまじないの言葉が英語にもあります。マザーグース（英国の伝承童謡）の有名な歌"Rain Rain Go Away"のパロディーです。

Ow!
痛いよー！

Pain pain, go away!
痛いの、痛いの、飛んでけー！

memo

キスは英語圏ではおまじない的な意味をもっているので、同じような意味でLet me kiss it and make it better.（キスでなおしてあげる）なんて表現もよく使われます。

病院に行ったほうがいいよ

You should go see a doctor.

ユー　シュッドゥ　ゴー　スィー　ア　ドクター

go to (the) hospitalというと、大きな病院での手術をすすめていると勘違いされるかもしれません。小さめの診療所での診察をすすめるなら、こちらの表現のほうがいいでしょう。

I feel terrible.
具合が悪いんだ

You should go see a doctor.
病院に行ったほうがいいよ

memo

go seeはgo and seeのandが省略されて、動詞が連続する形になっています。

待ちくたびれた

I'm sick of waiting.

アイム　スイック　オブ　ウェイティング

sickという単語が入っていますが、病気とは関係ありません。be sick of 〜で「〜にうんざりする」という意味です。アメリカでは、バスか車で小学校に通うのが一般的です。

I'm sick of waiting.

待ちくたびれた

CHAPTER 5

We've been waiting for ages.

ずいぶん待ってるよね

sickのところをtiredにしても同じ意味になります。for agesは「長い間」。

おかえり

I missed you.

アイ　ミスト　ユー

「会いたかったよ」という意味。英語には「ただいま」「おかえり」に当たる言葉はありませんが、何も言葉をかけないわけではなく、久しぶりに帰ってきた人に対してはこのようにいいます。

I'm back.
戻ってきたよ

I missed you.
おかえり

memo

必ず過去形にしましょう。I miss you.だと、「あなたに会えなくて寂しい」という意味になります。

ハグして

Give me a hug.

ギミー　ア　ハグ

欧米では別れ際にハグをするのは珍しいことではありません。恋人同士でなくても性別や年齢に関係なくハグをします。Hug me.だと直接的なので、このようないい方をすることが多いです。

I have to go.
行かなくちゃ

Give me a hug.
ハグして

memo

「ぎゅっ」などのハグの擬音語は、英語にはありません。

すごい熱だよ

You're burning up.

ユア　バーニング　アップ

「熱がある」はhave a feverが一般的ですが、相手のおでこに手を当てて熱が高いと感じたときは、このようないい方をします。別に燃えているわけではありません。

You're burning up.
すごい熱だよ

I have chills.
悪寒がするんだ

memo

熱がある状態はhaveで表せます。「熱が38度5分ある」は、I have a fever of 38.5 degrees.といいます。

ホットケーキをひっくり返すよ

I'll just flip this pancake over.

アイル　ジャスト　フリップ　ディス　パンケイク　オーヴァー

ホットケーキは、アメリカらしい朝食の一つですね。英語ではpancakeといいます。hotcakeではありません。「ひっくり返す」はturn overまたはflip overです。

I'll just flip this pancake over.
ホットケーキをひっくり返すよ

It looks nice and golden-brown.
いい焼き色だね

memo

nice and clean（いい感じできれい）のように、nice and ～で「いい感じで～」という意味になります。pan（フライパン）、spatula（フライ返し）もあわせて覚えておくと便利です。

もうかってる？

How's business?

ハウズ　ビジネス

「仕事の調子はどう？」という意味です。アメリカの子どもたちの小遣い稼ぎといえばレモネードスタンド。ルーシーはスタンドを改造して「心の相談室」を開き、チャーリー・ブラウンをはじめ仲間たちの悩みを聞いています。

How's business?
もうかってる？

Not bad.
まあまあね

memo

よりていねいにHow's your business doing?といったりもします。ふつうは社会人同士のあいさつで使います。

防寒対策はバッチリ

My socks keep me from getting cold.

マイ　ソックス　キープ　ミー　フロム　ゲティング　コールド

「防寒対策」は「靴下が私を寒さから守ってくれます」と具体的に説明すれば伝わります。socksのところを寒さから守ってくれるもの、jacket（ジャケット）などに置きかえて応用できます。これは、寒い夜にチャーリー・ブラウンからもらった靴下をスヌーピーが被った姿です。

Don't you feel cold?
寒くないの？

No. My socks keep me from getting cold.
ううん、防寒対策はバッチリ

memo

keep +（人）+ from ~は「（人）を~から守る」「（人）に~させないようにする」という意味です。get coldで「（人が）寒さを感じる」。

何かおもしろい番組やってる?

Is there anything good on TV?

イズ　ゼア　エニスィング　グドォン　ティーヴィー

Is there anything good?は「何かいいものがある？」と聞くときの表現。「(映画館で) いい映画やってる？」と聞くなら、on TVのところをon at the cinemaにします。

Is there anything good on TV?
何かおもしろい番組やってる?

A quiz show is on.
クイズ番組やってる

memo

めぼしい番組がないときはNothing.と答えます。

またダメだったよ

I'm bummed out again.

アイム　バムドゥ　アウト　アゲン

一時的に気落ちしているときに使います。世界的に有名な小説王であるスヌーピー。執筆した原稿を何度も出版社に送っていますが、なかなか採用されません。それでも筆を折るつもりはないみたいです。

I'm bummed out again.
またダメだったよ

I'm sorry to hear that.
残念だったわね

memo

be bummed outは「がっかりする」という意味です。

サイズが合わない

It doesn't fit me.

イトゥ　ダズント　フィッ　ミー

fitとsuitはどちらも「合う」という意味ですが、使い分けが必要です。fitはサイズや形についていうときに使います。suitは色や服装がその人に「似合っている」という意味で使います。

It doesn't fit me.
サイズが合わない

Would you like a smaller one?
もっと小さいサイズがよろしいですか？

memo

matchはThese shoes match your dress.（このくつ、あなたの服に合ってるよ）のように、2つのもの同士のコーデが合っている、色やデザインが調和しているときに使います。

聞こえますか?

Can you hear me?

キャン　ユー　ヒア　ミー

電話やweb会議で、自分の声が相手に届いているかを確認するときに使える表現。ビデオチャットとweb会議の場合はCan you see me?（私のこと見えてますか？）と聞くことも。

Can you hear me?
聞こえますか？

Yes, I can hear you well.
はい、よく聞こえます

memo

音声が途切れ途切れのときは、You're breaking up.と答えます。

もうすぐクリスマスだね

Christmas is just around the corner.

クリスマス イズ ジャスト アラウン ザ コーナー

Christmas is coming soon.でも間違いではないのですが、こちらの表現も耳にします。「角を曲がったところ」という本来の意味よりも、「もうすぐ」「まもなく」の意味で使われることのほうが多いかもしれません。

Christmas is just around the corner.
もうすぐクリスマスだね

I can't wait!
待ちきれない！

memo

justには「あとちょっと」であることを強調する役割があります。justつきで覚えましょう。

なんの仮装をしてるの？

What are you dressed up as?

ワッダーユー　ドレスタッパズ

日本では仮装イベントになっているハロウィン。もともとは秋の収穫を祝い、先祖の霊をお迎えする日本の「お盆」のような日でした。「～に仮装する」は、dress up as ～といいます。

What are you dressed up as?
なんの仮装をしてるの？

I'm dressed up as a skeleton.
ガイコツの仮装をしたよ

memo

ハロウィンでの仮装は、witch（魔女）、vampire（吸血鬼）、reaper（死神）、zombie（ゾンビ）などが定番です。

よく休んでね

Sleep tight.

スリープ　タイト

「ぐっすり眠りなさい」という意味。Good night.、Sleep well.、Sweet dreams.とともに、寝るときのあいさつの定番。スヌーピーとビーグル・スカウトの仲間たちはテントの上で眠ることもあるようです。

I'm gonna go to bed.

もう寝るね

Sleep tight.

よく休んでね

memo

目上の人に「おやすみなさい」というときは、Good night.を使います。tightは「堅く」「しっかりと」という意味。Hold me tight.（ぎゅっと抱きしめて）のように使います。

あ

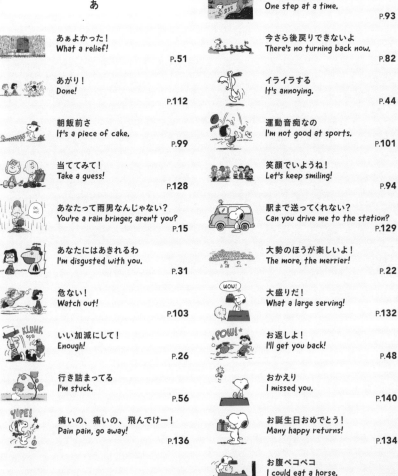

か

これからもず〜っとよろしくね
Let's be friends forever and ever.
P.38

こんなに散らかして！
What a mess!
P.122

さ

最高の気分！
I'm on cloud nine!
P.63

サイズが合わない
It doesn't fit me.
P.148

しかたないね
Oh well.
P.61

しくじった！
I screwed up!
P.102

失敗は誰にでもあるよ
Everyone fails sometimes.
P.75

自分へのごほうびさ
I'm treating myself.
P.73

熟睡中
He's sleeping like a log.
P.135

人生山あり谷ありだよ
Life has its ups and downs.
P.72

心臓が止まるかと思った
You almost gave me a heart attack.
P.66

好きにすればいいさ
Suit yourself.
P.37

すごい熱だよ
You're burning up.
P.142

すごく緊張する
My heart is in my mouth.
P.59

すごく助かるよ
You're a lifesaver.
P.25

すってんころり
I slipped and fell.
P.118

ずっと友だちでいようね
Best friends forever.
P.18

スピードに乗ってるよ
We are speeding fast.
P.116

すべてお見通しさ
I can see right through you.
P.36

スポーツ万能だね
You're athletic.
P.111

ずるい！
That's not fair!
P.117

絶好調だよ
Couldn't be better.
P.47

そこでじっとしてろ
Stay put.
P.85

INDEX

や

ら

わ

原作　チャールズ M. シュルツ
監修　チャールズ・M.・シュルツ・クリエイティブ・アソシエイツ
執筆協力　山崎香織
装丁・本文デザイン　鈴木章、小松礼（skam）
英文協力　嶋本ローラ
録音協力　嶋本ローラ、久米由美（スタジオスピーク）
校正　前嶌和佳
組版　ハタ・メディア工房株式会社
編集　山田吉之（リベラル社）
編集人　伊藤光恵（リベラル社）
営業　竹本健志（リベラル社）
制作・営業コーディネーター　仲野進（リベラル社）

編集部　渡辺靖子・安田卓馬・鈴木ひろみ
営業部　津村卓・澤順二・津田滋春・廣田修・青木ちはる・春日井ゆき恵・持丸孝

SNOOPYの英会話

2021年 4 月26日　初版発行
2024年 7 月17日　再版発行

編　集　リベラル社
発行者　隅田直樹
発行所　株式会社 リベラル社
〒460-0008 名古屋市中区栄3-7-9 新鏡栄ビル8F
TEL 052-261-9101　FAX 052-261-9134
http://liberalsya.com
発　売　株式会社 星雲社（共同出版社・流通責任出版社）
〒112-0005 東京都文京区水道1-3-30
TEL 03-3868-3275
印刷・製本所　株式会社 シナノパブリッシングプレス

ISBN978-4-434-28722-0 C0082
　213002